モニカ・ルーッコネン
関口リンダ＝訳

フィンランド人が教える
ほんとうのシンプル

Lessons taught by Finns
on the charms of truly simple

Monika Luukkonen

ダイヤモンド社

フィンランド人が教えるほんとうのシンプル

はじめに

モノを減らしたり、捨てたりするムーブメントが世界的に起きています。私がこの本で提唱したい価値観はそれとは少し異なります。

ただただモノを減らしていくだけだと、最後はなにも残りません。「持たない」ということをファッションとして楽しむのはいいと思いますが、はたしてそれでしあわせと言えるでしょうか？

フィンランドの人びとは、そもそもあまりモノを買いません。その代わりに、いまあるモノを大切にします。家具もおじいちゃんおばあちゃんが使っていたモノを使います。

また、フィンランドの人びとは「生活」を大切にします。やるべき仕事を終えたら、家族のために時間を使います。料理、子育て、休暇……。仕事だけに明け暮れるのではなく、自分たちの人生を、毎日の生活を、大切にしています。

そして、フィンランドの人びとは「スタイル」を持っています。自分にとってなにが心地よいかを判断する基準を持っているのです。自分のスタイルが明確だから、モノが豊富でなくても、しあわせを感じることができます。

この本はフィンランドで生まれ育った私が、日本のみなさんに、こうした「フィンランドのシンプル」をお伝えしようと書き上げたものです。

ファッションだけにとどまらない、フィンランドの「ほんとうのシンプル」を感じてもらえたらうれしく思います。

「持たない」のではなく、「いまあるものを大切にする」。

少しだけ見る角度を変えれば、私たちのまわりは素敵なモノゴトであふれています。そんなことに気づいてもらえたらと思っています。

北の街オウルから心をこめて　モニカ

Contents

Chapter 1

Quality

フィンランド人は いいものだけを 10年使う

「あれがほしい!」と思ったら、
すぐに新しいモノを買ってしまう日本人。
フィンランド人はまず「いまあるもの」で
どうにかならないかを考えます。
いいものだけを買い、それを長く使うことを
ほんとうの豊かさだと考えるのです。

1 物語の詰まった古い家具を使う

先日、おばあちゃんの家にあったイッタラの古いデザインの陶器やお皿をゆずってもらいました。これは、代々受け継がれてきたものです。私の友だちは、両親からアルヴァ・アールトのベンチをもらったと言っていました。

フィンランド人は、モノを長く大切に使います。そして、親から子どもへと代々モノを伝えていきます。イッタラやアラビアのガラス製品や陶器、家のテキスタイル、絵画やアンティークの家具……。フィンランドでは、こういった古いモノを大切に使います。「古いモノにこそ価値がある」と考える人が多いのです。

私がこれまでにおばあちゃんから継承したものは、イッタラのお皿のほかに、アラビアのテーブルセット、絵画、ひじかけの椅子、ブルジョア風のダイニングテーブル、ソファー、椅子などです。

フィンランド人が品質のいい製品を好んで長く使うのは、それが「自分の人生の一部」であり、「家族の伝統」でもあるからです。だから、なかなか捨てることはありません。長く付き合ってきた家具は、友人であり親せきなのです。

これらのモノには、タイムレスな（時代を超えた）価値があります。新しい製品は、かならずしもこのような気持ちにはさせてくれないでしょう。

ちなみに、都市にある1900年代初期のアヴァンギャルド・スタイルのマンションは人気が高く、新しいマンションや家よりも値段が高いのです。これらのマンションは独特の雰囲気があり、新しいマンションにはない味があります。

新しいモノはこれからつくれます。古いモノはすぐにはつくれません。だから古いことに価値があるのです。

そして、古いモノにはなにかしら「物語」があります。そのモノを囲んで家族で笑い合ったり、ケンカをしたり、泣いたりしたことでしょう。そんな物語が古いモノには染みこんでいる。そこが魅力なのです。

2　身近な道具を「デザイナー」で選ぶ

長く使うことが前提なので、フィンランドの人びとの買いものは合理的です。買うときの基準は「シンプルで、素朴で、自然で、落ち着いているモノ」かどうかです。

私は「価格と品質のバランス」をとても大切にします。また、そのモノが本当に必要なのかをじゅうぶんに考えます。気軽に購入することはないのです。

また、「誰がデザインしたか」ということも、買いものの大切な基準です。特にデザイナーの名前がついているものは、大切に使って次に伝えていこうという意識が強いのです。

この国では、学校を卒業して独り立ちするときに「食器はどのシリーズで揃えたいの？」と親に聞かれることがあります。親せきや友人もなにかプレゼントしてくれるときに、そのシリーズの食器を少しずつ買い足していってくれます。

日本では家具をデザイナーで選ぶという意識はあまりないかもしれません。安さと機能と、置く場所に合っているかどうかで選ぶ人も多いでしょう。災害もあり、引越しもわりと多いので、10年使い続けようと考えている人は少ないかもしれません。

また、日本人は住むところを変えると家具も変える人が多いようです。一人暮らしのときは安い家具を使っていて、結婚したらもうちょっといいのを揃えるというのがスタンダードでしょうか。

ただ、ちょっとだけ意識を変えて、友人のように長く使えるものを選んでみてはどうでしょうか?

デザイナーが手がけたモノには「哲学」があります。デザイナーのことを少しでも勉強して、デザイナーで統一してみるのもきっと素敵だと思います。

3　必要なモノはすぐそこにある

私が服を買うのは、本当に必要なときだけです。

あまりに古くなって着られなくなったときに、新しい服を買うのです。「安いから」という理由だけで買うことはありません。

これと同じ考え方が、ほかの買いもののときにも当てはまります。「友人が持っているから」「ファッションだから」「見せびらかしたいから」「家をモノでいっぱいにしたいから」。こういう理由でなにかを買うこともありません。

私の理想は、必要なモノだけに囲まれ、ほかはなにもない家にすること。流行りのモノや安いモノに執着することなく、たとえば家族の宝物、代々継承されてきたモノ、長いあいだ大切にしてきたモノだけを家に置きたいのです。

私に必要なモノは、数えるほどしかありません。

リラックスしたふだん着と仕事用の服。スポーツ用の服、ランニングシューズ、冬のシューズ。20年使っているスキー板、同じくらい古いノルウエーのストック、15年以上乗っているマウンテンバイクもメンテナンスさえしていればまだじゅうぶんに乗れます。それから、本、基本的なキッチン用品、ホーム・テキスタイル、仕事に行くためと娘のおけいこの送り迎えをするための中古車。それくらいでこと足ります。

私はなにも「みすぼらしくしなさい」とか「財産を他人にあげなさい」と言っているわけではありません。自分の人生において、それが「本当に必要なモノなのかどうか」を買いもののたびにきちんと考えてほしいのです。

そして「なにかがほしい」「あれが必要だ」と思ったときに、まっさきに買いものに出かけるのではなく、すでに持っているものでどうにかならないかを一度立ち止まって考えてみてほしいのです。必要なものは案外近くにあったりするものなのです。

4　環境にもお財布にもやさしい買いものを

日本では新品のモノを買うのがスタンダードで、「中古」というと「他人が使ったもの」という印象で、躊躇《ちゅうちょ》する人も多いかもしれません。

ひと昔前は、フィンランドでも「中古品は安く手に入れるために学生が使っているもの」という印象でした。しかしいまは環境への配慮から、リサイクルする人が増えています。使ったものを再利用することが前向きにとらえられてきているのです。

ここ数年、リサイクルやフリーマーケットの活動が国家プロジェクトのようにさまざまなかたちでおこなわれています。国民ほぼ全員がリサイクルをし、同時に中古品を売買しているのです。現代のフィンランドのライフスタイルの流行とも言えるでしょう。

誰もがオンラインのフリーマーケットサイトやフェイスブックのリサイクルグループ、地元のフリーマーケットなど、あらゆるかたちでかんたんにリサイクルを楽しんでいます。

いまのフィンランドでは「自分が使えなくなったものを誰かに使ってもらえることで、地球環境に貢献できる」といったポジティブな意識を持っている人がほとんどです。私のお母さんも昔は、フリーマーケットで服を買ったら汚いのではないかと言って、購入するのを好みませんでしたが、いまではリサイクルが日常生活に溶けこんでいるようです。

フィンランドでは中古車を買うのはメジャーです。新しい車は、なんと税率が１００％なのでふつうの人にとっては手が届きません。もちろん中には新しい車を買う人もいますが、中古のものを買うのはあたりまえなのです。もしくは、輸入の関税はかかりますが、ドイツまで行って新車を購入する人もいます。

中古をネガティブにとらえず、選択肢に入れてみてはいかがでしょうか？

5　みんながハッピーになるリサイクル

先日フリーマーケットに行き、ティーポットを買いました。ずっと探していたかたちと大きさで、いままでふつうのお店では見つかりませんでした。安くていい状態のものが買えてとてもうれしかったです。

最近オンラインのフリーマーケットで売ったのは、娘の古くなった自転車2台。5日もかからずに売れてしまいました。

2台とも買い手からメールが届き、約束した時間に家まで来てもらって、品物の支払いを受け取り、買い手は車で持って帰りました。とっても楽ちんでした！

モノが減り、倉庫にも新しいスペースが生まれ、ちょっとした収入にもなり、相手にも喜んでもらえる。リサイクルはみんながハッピーになるのです。

また、布地をリユースすることもスタンダードになりつつあります。フィンランドでは、衣類をごみ箱に捨てることは難しいのです。着なくなった服は、あちこちにある「チャリティーボックス」に持って行きます。

私の娘に対しても「新しいモノを買う」以外の方法をできるだけ提案するようにしています。

もちろん、モノによっては買ってあげることもありますが、たとえば「パソコンがほしい」ということなら「調べものなら図書館を利用するのはどう?」と提案します。きちんと「本当に必要なのか」ということを一緒に考えてから買ってあげるようにする。そうすることで、モノを長く使うことの大切さを教えたいと思っているのです。

6 気軽に売り買いできるシステム

フィンランドでは、オンラインで売買しても、たいていは家の近くで取引がおこなわれます。

「tori.fi」と言う大人気のリサイクルサイトがあります。これは、自分の町を登録したうえで売り買いをするので、モノのやりとりは顔を合わせて「リアル」でおこなえるのです。

服、自転車、陶器、サマーコテージの週単位レンタルや車まで。買い手がいれば、直接家に来てもらって、お金を支払ってモノを引き取ってもらいます。

最近、リサイクル用のフェイスブックグループもとても流行っています。これも地域ごとにグループができていて、ローカルであることが信用度を高めています。ローカルだと、買い手も売り手もコミュニティの中で知られているかもしれないため、だましたり、現れなかったりということが起きにくいのです。

また、フィンランドの各地に「フリーマーケットセンター」があります。20〜30ユーロで10日ほど小さなブースをレンタルし、そこで自分のモノを売ることができます。好きなようにテーブルを置いてブースをアレンジし、品物用にバーコードの入った値札をもらいます。

このシステムのいいところは、ずっと自分のブースにいる必要がなく、品物を置いたままにして2日に一度くらいのペースでブースを確かめるだけでいいところです。レンタル終了の日に売れたモノの金額を会計係からもらいます。

庭でのセール（ヤードセール）も最高に流行っています。街を歩くと、庭でセールをする看板をよく見かけます。公園でおこなわれるセールに合わせてその地域のヤードセールをする町もあります。

誰かが使ったモノを買う。自分が使ったモノを売る。それが日本以上にあたりまえにおこなわれているのがフィンランドなのです。

7 再生させる、自分でつくる

いまあるものを長く使う。中古のモノを大切にする。それ以外に「再生させる、自分でつくる」という選択肢もあります。

友だちのケイトは、古い「粉ひき小屋」にあった理容室の机を改修して、白い小さなサイドテーブルをつくったそうです。最初はボロボロで毛だらけだった汚い机を、きれいに洗って白いペンキを塗ったのです。すると魔法のように素敵なテーブルに生まれ変わりました。

基本的にフィンランドではあらゆることにおいて「修復して長く使う」ことが前提です。家を建てるときも、長く使うものとして建てます。建物を壊し、まったく新しいものを建てることはあまりありません。古い家であっても修理をして、復元させます。家と土地を売って、その上に高層ビルが建つことはほとんどないのです。

さらに「自分でつくる」こともフィンランドでは大切にされます。

フィンランドでは、若い人たちも編みものをします。学校でも編みものを教えています。料理やお菓子づくりが好きな人もたくさんいます。

フィンランドでは、家に大きなオーブンを持っているのがスタンダード。ターキーやチキンを焼くことができる大きなオーブンがどの家にもあるので、お菓子づくりやオーブンを使った料理がつくれるのです。

私の知り合いには、自分でつくることを楽しんでいる人がたくさんいます。たとえば、アクセサリーづくりをしている友だち、お裁縫が好きな友だちもいれば、ラップランドで釣りをすることが好きで、ボートを自分でつくっている男性の同僚もいます。

なんでもいきなり買うのではなく、再生させたり、自分でつくったりしてみると、また人生に楽しみがひとつ増えるのではないでしょうか。

Chapter2

Everyday

なにげない
一瞬を
最高に楽しむ

人生を最高にするためには

どうすればいいでしょうか?

お金持ちになる?　人とは違うことをする?

そうではありません。

いまあるこの日常を大切にすればいいのです。

なにげなく見過ごしがちな

この日常を最高に楽しみましょう。

8　日常を通りすぎず立ち止まる

私は、図書館の自習室でこの文章を書いています。今朝は少々雨が降っていましたが、自転車で図書館まで5キロ走ってきました。冷たい新鮮な空気。さわやかな夏の香りがしました。仕事が終わって、家までサイクリングするときも、少しだけ立ち止まります。勢いよく流れている川、川の表面に跳ね返るような雨粒。これらの一瞬が私の大きな喜びです。

さて、「日常」とはなんでしょうか？　そんなこと考えたこともないかもしれませんね。私にとって日常は「人生そのもの」です。

人によっては、日常というのはつまらない、ワクワクしないものかもしれません。しかし、私はそうは思いません。

毎日を充実させることが、より素敵な未来をつくります。ふつうのことであっても、そのふつうの日常を大切に思うことが大切なのです。

「一度きりの人生だから、人生を大切にしよう」と考える人であっても、毎日をなんとなく過ごしている人は多くいます。しかし、その大切な人生というのは、無数の日常で成り立っているのです。よって、日常こそが大切なのです。

特別なことをする必要はありません。より多くのモノや、より多くのお金も必要ありません。ただ、この毎日を大切に思えばいいのです。

時間は「一瞬」から次の「一瞬」に流れていきます。一瞬は一瞬ですが、その一瞬の集まりによって日常がかたちづくられ、人生が成り立っていきます。毎回の食事、誰かとの会話、歩くときの一歩、呼吸さえも意識して大切におこなうことができれば、毎日は豊かになり、素敵な人生につながるはずです。

なにげない日常において、ちょっとだけ立ち止まり、世界の不可思議を楽しんでみるのはどうでしょうか。その一瞬一瞬を十分に満喫することは、きっとあなたの人生を豊かにするはずです。

9　財布を持たないぜいたく散歩

私は、一瞬を大切にするために「1円もかからないシンプルなこと」を楽しむようにしています。

人とは違った特別な体験や、大きくて豪華で新しいモノを手に入れることなど必要ありません。そうではなく、お金のかからないもの、すでに持っているもの、すぐそこにあるものに価値と意味を見出しましょう。

生活の中のシンプルで小さなことを楽しむ。そこからワクワク感は生まれます。

たとえば、仕事で新しい人とつながること、なにげない雑談がおもしろい会話に広がったりすること。マグカップの中からただよう濃い紅茶の香り、仕事に行く途中の車の中で感じる一日の光の変化、四季の変化。

それから、夕方のウォーキングで見る木々、新鮮な空気の香り、海の音。娘が前回よりもうまくテニスのボールを打てたこと、運転中に心に染み入るようなクラシックの音楽が流れてくること、図書館でたくさんのおもしろそうな本に出合うこと……。

私は、建築が大好きです。豪華な家に住んでみたいということではありません。いろいろな建築を見るのが好きなのです。

通りを歩いていると、見とれてしまうような素敵な建築を見つけます。光の反射のしかたで、建物のかたちやディテールが見えたりします。いつもと違う道を歩いたとき、いままで見たこともなかった建物に出合い、びっくりすることもあります。「誰が住んでいるのだろう?」「どんなお仕事かしら?」「家の中はどんなだろうか?」と考える時間が大好きです。建築を見ながらぶらぶらすることは、私にとって、お金のかからない、財布もいらないぜいたくな散歩なのです。

人生の速度を緩めてまわりを見渡してみると、小さくてシンプルかもしれないけれど、たくさんのおもしろいものが見つかるはずです。

10 「良質な静けさ」の必要

フィンランドは日本とだいたい同じ面積ですが、人口は５００万人しかいません。森や湖などの自然に囲まれ、ひとりあたりのスペースはかなり広いのです。それでもフィンランド人は、静けさを求めて湖のほとりのサマーコテージに行きます。多くのフィンランド人は、ひとりでラップランドにハイキングに行くことに憧れを抱いています。

フィンランド人にとって静けさは負担でもなんでもありません。むしろ、必要です。考えごとをしたいときやもの思いにふけりたいとき、かんたんに逃げこめる自然がいつもまわりにあることをありがたく思います。

私の友だちに、奥さんと娘さんを家に残し、ワンちゃんだけを連れてサマーコテージに行く人がいます。海のそばにあるコテージで、釣りをしたり、ビールを飲んだりして静かに過ごすのだそうです。奥さんも、ひとりになりたい気持ちを理解し、賛同してくれているそうです。

想像してみてください。

2月の終わり。穏やかにそこに横たわる凍った湖。絵画のように真っ白で静かな雪。静かにピンと張りつめた空気。その中をあなたは自転車で走り抜けています。ほんとはずっとそこにいたいと願うほどの安らぎを感じます。森に入ると、雪が自然の上に積もって、柔らかい毛布になっています。新雪の上にはウサギの足跡。一瞬、冬の太陽がまばゆい光を雲のあいだから放つと、小さく固い雪の結晶が、裸の白樺の幹のあいだを妖精のように舞うのが見えます——。

フィンランドではこんな奇跡的な場面によく遭遇します。

心が落ち着かないときは、静けさを求めて、なにもない場所に行ってみてはどうでしょうか？　良質な静けさとはこの上なくぜいたくなものなのです。

11 サマーコテージで「なにもしない」

フィンランド人にとっての理想の夏休み。それは、４週間の休暇をすべて田舎の湖近くのサマーコテージで過ごすことです。生活の忙しさや町の喧騒《けんそう》から離れ、自然の中に溶けこむのです。

サマーコテージとは夏の休暇を過ごすコテージのことで、多くの人は湖の近くに持っています。別荘のようなものですが、特にお金持ちの人でなくても、ふつうに働いていればサマーコテージを持っている人はたくさんいます。フィンランド人にとって、夏をコテージで過ごすことはふつうのことなのです。

コテージにいるあいだ、特別なことはなにもしません。「なにもしないこと」が必要なのです。なにもしないことが、冬から次の夏まで続く仕事や家事、育児などの役割をしっかりとこなす力を養ってくれます。

私のサマーコテージ生活では、湖の近くの石の上に座って瞑想をします。なにもない空間を見つめ、湖の向こう側の岸を眺めます。そして、本を数冊読み、親せきと会います。田舎道の両側にある森の中を長い時間散歩します。シンプルに、地元でとれたものを食べます。

それから、冬に備えて菜園のイチゴや野生のブルーベリーを摘み、プレザーブにしたり、冷凍したりします。夏のごちそうを隠して冬じたくしているリスのように。これで冬に夏をまた楽しむことができます。そして、ビタミンも保存できるのです。この夏は特にブルーベリーで冷凍庫をいっぱいにしました。

夏を存分に楽しみ、冬に備えつつ、冬を楽しむための準備もする。

フィンランド人は、自然と静けさにかこまれたサマーコテージで、家族とともにゆっくりとした時間を過ごすことが好きです。それが豊かさなのです。この「なにもしない」ぜいたくな時間を一年間ずっと楽しみにしているのです。

12 色とりどりの季節を楽しむ

フィンランドには、季節ごとにいろいろな楽しみがあります。

5月は春の大そうじと庭の手入れの季節。6、7月は、サマーコテージ全開の季節。フィンランドはまさに「休業」となります。

7月は、ベリーのシーズンです。週末を利用してベリーを摘みに出かけます。ブルーベリーや野生イチゴが初旬から時期になり、しばらく続きます。クランベリーの時期は9月から10月にかけて。森でのキノコ狩りは、7月から10月です。ベリーやキノコは、採ったらほとんどを保存用にします。冬のためにプレザーブにしたり、冷凍したりするのです。ただ採集を楽しむだけではありません。

こうした保存食をつくる伝統は昔からあります。ビタミンCが豊富な果物がない冬や、国が貧しかったときに、これらを保存して一年の貯えをつくったのです。

冬の週末、11月の終わりから4月まではたくさんの人たちがラップランドに出かけ、スキー、スノーボード、クロスカントリースキーを楽しみます。その季節には、金曜日の午後になると、屋根にスキーをのせた車がたくさん並び、都会から逃げ出していきます。

私は、夕方のウォーキングやジョギングのときにまわりの自然を楽しみ、四季の移り変わりを感じています。すべての季節や天気、たとえば、とけはじめた汚い雪の色にさえ美しさを見出します。見方によって美しさを見出せるのはとてもおもしろいと思います。

とけはじめている黒っぽい雪の時期は、近くの川に反射する光や色、空などがとても美しい季節です。濡れた裸のような木の幹も、うっそうとした緑も見られないですが、なんと美しくかたちづくられているのだろう、と思います。

日本の四季の美しさも私は知っています。ぜひ毎日の中で季節を感じてみてください。

13 美しく咲く椿に気づく

フィンランドでは、夜に散歩をしない人、夜空を見ない人は、オーロラの神秘を見逃してしまうでしょう。会社や学校へ通うときに、いちばん近道の交通量の多い通りばかりを使っていたら、天候で変わる川の神秘を見ることができないでしょう。

海外の人から、フィンランドの自然は神秘的だとよく言われます。ほんとうでしょうか？　そうであるとも言えますし、違うとも言えます。

世界中どこでも自然は神秘的であるし、十分に楽しむことができます。

住んでいる場所の自然について、私たちは往々にしてその美しさや神秘性を見落としがちです。目を見開いて立ち止まることによって、はじめて魔法のような美しさを感じることができるのです。

自然の美しさや神秘を見るために、わざわざ外国に行く必要はありません。私は、日本の真冬の雪の中で、美しく咲く椿に出会える素晴らしさを知っています！　フィンランドでは、冬に咲く木や花はないのです。魔法のように、葉っぱもない木の枝から木蓮の花が咲くのを見たことがありますか？　夏に真っ暗で暑い夜を過ごせるのは、なんとエキゾチックなのでしょう！　フィンランドでは夏の夜は明るいですし、あたたかくもないのです。

ぜひ、近くの自然の中に神秘的な瞬間を見つけてみてください。それが、ただの赤く染まった近所のモミジの葉でもいいのです。

14 ただただゆっくりと漂う

現代人は、なにかに追われるように、せかせかと走りまわっています。

私もついつい忙しさに我を忘れそうになりますが、きちんと余裕を持つように、この瞬間を楽しむように、自分に言い聞かせています。つねに走り回っていたらその瞬間を楽しめるはずがありませんし、そのあいだに大切なものを見失ってしまうでしょう。

いつも旅ばかりをして家にいなければ、あなたを待つ、愛する人や友人と過ごす時間を失ってしまいます。また、ふるさとの自然の移り変わりを感じる時間も失います。いつも遅くまで働いていると、家族と一緒に過ごす大切な時間も失ってしまうでしょう。

小津安二郎や溝口健二などの古い日本の映画に出てくるゆっくりとした生活の

時間は、私が覚えていたい時間、空間のひとつです。

もちろん時代が変化、進化していくことを止めることはできません。それでも、ちょっとだけ立ち止まり、昔の生活や伝統の中のよきことを思い出すことは大切だと思います。伝統、落ち着いた生活ペース、自然、現代が押し付けてくるすべての物質を欲したり持っていたりしないこと、謙虚さ、すでに持っているものに感謝をすること、他人や自分を大切にすること。これらはすべてこの現代社会の中で、しあわせを見つける重要な要素だと思います。

数人の同僚は、よく釣りに行きます。あるとき「どうして行くの？」と聞いてみました。道具や船、モーターをしっかり揃えることが大切？　それとも魚をたくさん釣りたいから？　どれも違います。彼らはこう言うのです。「ただただ川の上でゆらゆらと漂い、都会や日常から離れること、船に乗って座って釣りをする、それだけだ」と。

Chapter3

Clothes

「スタイルのある生き方」のすすめ

フィンランド人が大切にするのは
着飾ることではなく、機能性・合理性です。
自分のスタイルさえきちんと決まっていれば、
服に迷うことはありません。
ここではフィンランドでの服に対する
考え方をお伝えします。

15　服にお金をかけるのは自信のない証拠

フィンランドのことわざに「みにくい人ほど、きれいな服を着て見せびらかす」というものがあります。

お祝いごとや教会に行くとき、大切な人に会うときなどには、豪華ないい服を着ることもありますが、こうしたなにか特別な理由がないかぎり、買ったばかりの豪華な服を着ることはまずありません。多くのフィンランド人は「服にお金をかけるのはもったいない」と思っているのです。

ほかのヨーロッパの人びと、ましてや日本人と比べると、フィンランド人はファッションに対して「堅実」です。服にお金を使いませんし、ファッションへの意識も希薄です。一般的に、シャネルやグッチなどの世界的なブランドにも興味がありません。

服などの「外側のもの」に大金を使う人に対して、多くのフィンランド人は疑問を感じます。「内面を充実させることに気を使っていないのではないか」と思ってしまうのです。着ている服よりも、服を着ている「中の人」のほうが大切。彼や彼女がなにを考えているのか、なにをしているのか。それが重要なのです。

流行の服で自分の「鎧《よろい》」をつくらずに、中にいる「自分」を大切にすることのほうが素敵です。まわりにモノがあふれ、たくさんの服に囲まれている人を見ると、「この人は自分に自信がないんじゃないのかな」と思ってしまいます。美しい服で着飾ることによって自分を守っているように見えるのです。

ファッションを楽しむことを否定するわけではありません。ただ、もし外見ばかりにとらわれているのだとしたら、内面を磨いてみることも考えてみましょう。

16 自分のスタイルを見つけて長く着る

自分に合う「スタイル」さえ見つければ、流行を追いかける必要はありません。服やファッションについての私のスタイルは「カジュアル&リラックス」です。高くて緊張するような服は着ません。逆にストレスになってしまうのです。

そして、長く着るためにも、クラシックで、タイムレス、つまり時代を選ばない服を身につけることが大切です。

私は、服を買うためにショッピングに行くことをストレスに感じることさえあります。買うとしても、自分のスタイルや体型に合っていて、時代を選ばない服を買います。来年になって時代遅れに見えるものは買いません。仕事着についても、着心地がよくて、スタイリッシュなものを好みます。

毎年服を買いなおすようなこともしません。自分のスタイルを守りたいのです。

カジュアルでちょっとスポーティー。そして季節の色を加えてアクセントにします。そのために新しいスカーフを買うことはあるかもしれません。

服を買うのは、着古してしまったので新しいものが必要になったときだけ。ここ数年、「新しい冬のスポーツ着とコートを買わなくちゃ」と思っていましたが、いまあるものを着てみるとまだ大丈夫でした。いま着ている冬のコートは4年目で、スポーツ着（スキーパンツとジャケット）は5年目です。でも、まだOK。新しいものは必要ありません。フィンランド人の多くもそのように考えます。

多少古くてもきちんと洗濯されアイロンがかかっていれば、じゅうぶん。次々に新しいものを買うのではなく、自分のスタイルに合った服を長く使うことが大切なのです。

あなたも自分のスタイルを見つけてみましょう。そして、最低でも数年はもつような服を探してみましょう。

17 服はいちばんに「機能性」

フィンランド人は、なによりも機能性を重視します。

服に対する合理的な考えは、この国の長く寒い冬から来るものでしょう。

フィンランド人は、外の天気と温度をきちんと把握しているので、カレンダーで春になったからといって、すぐに春の服装に変えるようなことはしません。寒いときは、あたたかい冬の靴、冬のコート、冬のスキーパンツも履いて、帽子、スカーフ、手袋をします。夏であっても、フィンランド人はコート、ジャケット、カーディガンを持参し、いつでも重ね着できるように備えるのです。

色に関しても合理的です。多くのフィンランド人は、黒を好みます。無難で何にでも合い、やせて見えるからです。

また、多くの人たちがスポーティーな服を着ます。楽ですし、スポーツ好きにちょうどいいからです。それから、日本人の女性ほどヒールの靴を履きません。ヒールの靴は合理的ではないからです。

もうひとつ大切にしているのは「年齢と体型に合っているかどうか」です。日本で出会ったある女性は「日本人は、40、50代になっても最先端のトレンドを追いかけることに終始しがちで、服の色やスタイルが、年齢的なものも含む『見た目』に合っていない」と言っていました。

年齢を重ねると体型が変わるので、自分の雰囲気と体型に合う服を探すのがとても大切になってきます。年齢が上がってくると、どうしても体型を隠すためにルーズで大きめ、モノトーンのものを選んでしまいがち。しかし、大きすぎる服、合わない色の服は、逆に生気のない老けた感じに見えてしまいます。

流行よりも機能性。そして、体型や年齢に合っているかどうか。自分に合ったスタイルさえ見つければ、お金もかからずに楽しい毎日を過ごせます。

18　長持ちさせるための基本的なメンテナンス

服のメンテナンスについて、お話ししましょう。

洗濯や洋服の手入れについては、基本的なメンテナンスでＯＫ。なぜなら人生にはもっと大切なことがたくさんあるからです。合理的かつ楽にやりましょう。あまり神経質にならずストレスをためないことも大切です。

特に小さい子どもがいるフィンランドの家庭でまず考えることは「簡単に洗える」ということ。フィンランドの子どもは一年を通じて外遊びが多く、雪どけのべチャべチャなときも遊びます。夫婦が共働きをしている家庭がほとんどですから、洗濯や洋服の手入れは簡単にできることが重要なのです。

洋服を長持ちさせるために気をつけていることは３つ。

まず、乾燥機は使用しません。乾燥をかけると、服はすぐに古びてしまい、電気も大量に使います。ベランダやバスルームで自然乾燥させます。幸運にもフィンランドは乾燥していますし、バスルームには暖房が入っているので、簡単に乾きます。外で洗濯を干すと、新鮮な夏の香り、空気の香りがしますし、冬には空や木の香りに仕上がります。冬に外干しをすると、一瞬で服が凍結しますが、そのときに、凍った空気と雪が洗濯に素敵な魔法をかけるのかもしれません。

それから、無香料・低香料の洗剤を使用して、できるだけ自然を念頭に入れた手入れをします。外気の香り以外、洗濯ものに香りは必要ありません。

クリーニング屋に服を出すこともありません。フィンランドではほとんどの人が出しません。クリーニング屋がたとえ近所に増えたとしても、洋服に化学物質を使用したくないので使いたくないのです。生活の中で、ほかのことと同じように、「自然、清潔、健康」を心がけたいのです。

Chapter4

Vacation

4週間、
湖の近くで休む
フィンランド人

フィンランド人は人生の中心に
仕事を置いていません。
家族との時間、長い夏休みも最高に楽しみます。
日本人は休むのが上手じゃないように感じます。
ここでは、フィンランド人がどう休み、
リラックスしているのかをご紹介します。

19 仕事は朝8時から夕方4時まで

フィンランドの会社、そして社会には「人生で大切なことは、仕事だけではない」という価値観があります。仕事、家族、自由な時間のバランスが大切だと考えているのです。

フィンランド政府やお役所の勤務時間は平日の朝8時から夕方4時までです。多くの企業も同じ勤務時間を採用しています。

8時〜4時は短いと思われるでしょうか？　もしくは朝早いと思われるかもしれませんね。もちろん、もっと長い就業時間の企業や、違う時間帯で働く人もいます。しかし、平均的なフィンランドの企業の場合、ほとんどの従業員が4時ごろ退社するのです。

極めて単純化したものですが、フィンランドで働く一日は次のようなものです。

・ミーティングでものごとを決定する
・決定したことをやるべく、それぞれが任された仕事に責任を持つ
・8時から4時まで懸命に働く

とてもシンプルです。

フィンランド人は、直接的で、少しシャイで、意味のない会話をしません。また、正直で、責任感があり、勤勉である、というのも特徴です。よって、目的なしに会社にいることはなく、8時から4時までみっちり働き、さっと帰ります。そして、夕方5時前には保育園に行って、子どもをお迎えするのです。

フィンランドでは、自分や家族などを大切にする自由な時間を取ることができるように、社会や職場の秩序ができています。これはありがたいことです。

20 4週間のまとまった休みをとる

フィンランドで働く人には、年に5週間の長い休みがあります。夏休みに4週間、冬休みに1週間です。多くの人は、4週間の夏休みを7月に一気にとります。

4週間まとめて休みをとると、完全に緊張感がほどけてリラックスすることができます。そしてまた一年、新鮮な気持ちで仕事に向き合えるようになるのです。最初の1週間はただただリラックス。次の2週間は完全な深い休暇モード。最終週は仕事の感覚を少しずつ取り戻し、職場のことなどを考え始めます。

学校の夏休みも2か月半と長いので、親も自分が仕事に出ているあいだの子どもの過ごし方を考えなければなりません。4週間、家族みんなで長い休暇をとることは、その解決策でもあるのです。

日本人と同じように、フィンランド人も休暇に旅行を楽しみますが、5日でヨーロッパ全土を回るようなことはしません。太陽の下で寝そべって1週間を過ごしたり、北イタリアやフランスに2週間とか1か月間家を借りたりして、どこか一か所でゆったりと、その土地を楽しみます。

フィンランドでは、仕事も大切ですが、きちんと休むことも大切だという意識が多くの人にあります。

そして家庭生活、家族と過ごす時間も大切にしています。子どもの面倒を見るために会社をお休みしたり、保育園や学校のお迎えをするために勤務時間が柔軟であったりするのはあたりまえです。

休むことはサボることではありません。きちんと休み、英気を養うことで、さらにいい仕事もできるでしょうし、家族との時間も増えて、人生も豊かになるのです。

21 不便さが「生きる精神」を養う

多くのフィンランド人は夏休みをサマーコテージで過ごすとお伝えしました。サマーコテージでは、時間がゆっくり進みます。

コテージには食洗機などの便利な機械はありません。手でお皿を洗い、井戸から水を汲み、薪を割って、暖炉に火を入れます。よって、家事に時間がかかります。時間をかけて自分の力で作業をすることになるのです。生活が一時代、昔に戻るので、そのゆっくりとした時間を楽しみます。

現代の便利さを省いた生活に戻ることで、フィンランド人独特の「シス」の精神、日本語に言い換えれば「懸命に生きる精神」も養います。なにかに一生懸命取り組む「野生味」「戦う精神」です。中世の人は、極寒のなか熊の皮で身を包み、手には石の斧、森の中で荒れ狂う天候の中、戦っていました。その精神がフィンランド人の心の中にいまも宿っているのです。それを呼び覚ますわけです。

この精神は、サマーコテージを離れ、日常生活に戻っても発揮されます。この「シス」の精神を持って、仕事の困難、経済的な困難、寒い冬を乗り越えていくのです。

家事が終わると、ベランダでコーヒーを飲んだり、本を読んだり、湖を見つめたりします。まわりの森や湖からはいつも心地よい音が聞こえてきます。鳥が鳴いたり、モーターボートが湖を横切ったり、湖の向こう側で人が会話をしていたり……。そして、湖の日没は最高に美しいものです。

私は、サウナのために湖から水を汲み、薪を使ってサウナストーブやウォーターボイラーを焚く作業が大好きです。手がかかる作業ですが、心の底からリラックスすることができます。機械、忙しさ、現代生活から遠く離れ、作業で体を動かすことで、気持ちも落ち着くのです。

22 土の上をはだしで歩く

子どものころ、サマーコテージに行くと、よくはだしで歩いていました。松の葉がいっぱい落ちていて最初は痛いのですが、1か月もいると慣れてきます。友だちも、夏の初めは小石があったりして痛くても、少しずつ慣れていったと話していました。

子どものころの夏休みの思い出は、はだしの経験なしには語れません。父のサマーコテージにつながる道は、大きな石から始まります。上に少し苔が生えていて、ちょっとがたがたしている石。夏、この温まった石の上を歩くのがすごく気持ちいいのです。

フィンランドの子どもは、靴を脱いで走り回ったり、家の近くの川に足をつけたりするのはあたりまえのことです。去年サマーコテージに行ったとき、大きなアリがサンダルを噛んでいたと娘は言っていました。

ヨガには、地面に足をつけて、大地からエネルギーをいただくという考えがあります。足とルーツ（根）の話は、ヨガでよく話されることです。

都会暮らしの日本人だと、土を触ったり、はだしで歩いたりすることはあまりないかもしれません。ぜひ無理にでもはだしで土を踏む機会をつくってみてください。自然に直接触れ、大地からエネルギーをもらうことは、人生においてかなり大切なことなのではないか、と思っています。

人工的な社会にどっぷり浸かって、情報の波に泳がされてばかりいると、動物として生きているという実感がなくなっていってしまいます。自然に囲まれたところで過ごして、四季を感じ、大地と自分の生命力を感じてみてください。

23 深いリラックスをもたらす「サウナ」

フィンランドを語る上で欠かせないのが「サウナ」です。

いま、ほとんどの新築の家やマンションには、サウナが備わっています。昔のサウナは、薪を焚いて温めていたので入浴するまで時間がかかったものですが、いまはかんたんに使える電気製のものが主流です。

昔は土曜日が「サウナの日」でした。お決まりのように、家族みんなで土曜日の夕方早めにサウナに入ったものです。サウナのあとは、家族一緒に食事をとり、ビールやレモネードなどを飲みます。いまでもその習慣が残っていて、土曜日にサウナに入る人もいます。

最近は、ボタンひとつでサウナの準備ができて時間もかからないので、決まった日ではなく、いつでも好きなときにサウナに入る人がほとんどです。冬の寒いときはもちろん、忙しい仕事のあとやジョギングをしたあとに、リラックスするためサウナに入るのです。

以前は、大きめのマンションや一軒家にしかサウナはありませんでした。マンションには共同サウナがあり、料金を払うと予約をすることができたのです。現在は、ワンルームの小さなマンションでも、サウナが備え付けられています。

サウナは電気製になりましたが、昔ながらのサウナ製品はいまでも使用します。たとえば、サウナの「アロマ」。熱くなったサウナストーブにかける水にアロマオイルで香り付けをするのです。

伝統的なお祭りの時期には、いまでも昔ながらのサウナを楽しみます。クリスマスや夏祭りのころ、人びとはサマーコテージに出かけ、本物の白樺の枝でできたサウナの叩きを使ったり、サウナのあとに泳いだり、サウナを木で炊いたり、あとで屋外の自然を楽しんだりするのです。

24 サウナのあとはソーセージをグリルして

子どものころの思い出と言えば、サイマー湖にある家族のサマーコテージにあるサウナを思い浮かべます。そのコテージとサウナは今も現役です。サウナは別棟ではなく、母屋の一部にありました。

通常、サマーコテージのサウナは別棟で、湖のほとりに立っています。「ランタサウナ」と呼ばれており、「岸の近くのサウナ」という意味です。

我が家のサマーコテージは小さなログキャビンで、30平方メートルの居住スペース、サウナと屋外の大きなベランダがありました。

ベランダを出て、家をグルッと回ると、家の玄関から少し隠れたところにサウナの入口があります。サウナの中には小さな脱衣所があり、木の枝でできた服掛けのフックがあります。木の工作が得意な叔父の作品です。そのフックには、ワッフル地で母の手づくりの飾りがついた茶色やオレンジのタオルがかかっています。脱衣所の床には、小枝で編んだ分厚いカーペットが敷いてありました。子どもの足に、少々チクチクした感覚を覚えています。長細い木のベンチがあり、そこに脱いだ服を置きます。壁には鏡と戸棚があり、シャンプー、石けん、タオルやシートカバーが入っていました。

サウナの中には木のベンチ、薪で焚くサウナストーブ、湯わかし用の大きなストーブがあります。サウナの火をおこすのは父の仕事でしたが、ときにはなかなか火がおきずに苦労していました。薪だけではなく、新聞紙や白樺の皮を使って、ストーブと湯わかしに火を入れていました。

ストーブと湯わかしの火が入り、サウナの準備が進むと、コテージの煙突から煙が出てきます。木の燃える香りは、もうすぐサウナの時間であることを知らせてくれます。サウナへのお誘いです。いまでも木の燃える香りがしてくると、誰かがサウナに入るんだな、と思ってしまいます。

サウナの最上部のベンチに座り、熱いサウナの湿気を楽しみます。サウナには細長い窓があり、そこから外をのぞくと、背の高い松の木、低いベリーの木、そのうしろには青々とした湖が太陽を反射させていました。ときには、スピードボートやヨットが横切り、また切った木を縄で囲み誘導しているタグボートがゆっくりと進んでいるのが見えました。

サウナで熱くなったら、小道を走っていき、湖にドボンと入り泳ぎます。水はかなり冷たかったです。サイマー湖はひとつの湖ではなく、フィンランドの南東にある広大な湖の集合体です。夏のはじめの6月ころは、水はかなり冷たいのです。冷水に飛び込んだあと、またサウナに戻って温まります。また熱くなったら、湖に入って泳ぐ。その繰り返しです。

サウナの熱さと湖の冷たさという温度差は、体と精神にいい影響があるとされています。サウナのあとは、本当にきれいになり、リラックスしたという実感があるのです。

サウナと水泳が終わると、タオルで水気を取り、寒すぎない気候のときはタオルを巻いたまま、ベランダにゆっくり座り、両親はビール、私と妹はレモネードを飲みます。そして、湖の上を沈む夕焼けを眺めるのです。あたりはオレンジと赤に塗り替えられます。

フィンランドの言い伝えに「サウナが先。食事はあとで」という言葉がありま す。フィンランド語の言葉遊びで、訳しても上手におもしろさが伝わりませんが、意味合いとしては「空腹でサウナと水泳をし、そのあとで食事をする」ということらしいです。

サウナのあと、いつも家族で暖炉の前に集まり、串にソーセージを刺してグリルしました。両親はサラダと新ジャガでかんたんな食事をつくってくれました。

食事が終わると、子どもは自然と眠くなり、お休みタイムです。両親は、サマーコテージの居心地よさの中で、会話が続いていました。

25 「忙しく見せたい」のは虚栄心

休むことについて語ってきましたが、忙しくしていること、または忙しそうに見せることが人生の「目的」になっている人もいます。それは「虚栄心」ではないかと思ってしまいます。

人は、知らず知らずのうちに他人と競争したり、マネをしたり、より優れたことをしようとしたりします。このような行動は、その人の隠れた不安感から生まれるもので、自分に自信がないのかもしれません。

落ち着いた心を持ち、本来の自分でいることができれば、「現在の瞬間」を味わうことができます。忙しくしていると、毎日が駆け足で過ぎていき、たくさんの大切なことを見失ってしまうでしょう。四季の美しさ、友人とのゆったりとした会話、気持ちのいい散歩、娘の成長……。人生にはすばらしいものがあふれているのです。

そもそも、なぜ他人と競争しなければならないのでしょうか？　これは「あなたの人生」なのです。自分のやりたいように生きるべきですし、自分らしく生きるべきです。人生は貴重です。あなたの人生は、あなたの宝物です。

一度きりの大切な人生を歩む上で、人生の指針を持っておくことは大切です。たとえば、私にとって「実直であること」「正直であること」が人生の指針です。

実直であること。難しい問題に接したときは、もちろん不安はありますが、それでも真正面から向き合い、避けるようなことはありません。

正直であること。ウソをつき体面をつくろったりすることは気持ちが悪いです。正直でいたほうが、すべての人にとって時間や労力を無駄にしないですみます。

つねに他人と比べ、「どちらが上か」ということを考え続けているとあっという間に人生は終わってしまいます。あなたが大切にしたいのは「他人に勝つこと」ではないはずです。あなたが大切にしたい人生の指針を探してみましょう。

Chapter5

Money

お金をかけずに
リッチに生きる

お金が人生のすべてではありません。
豊かさはお金の多さとは関係ないのです。
フィンランド人はお金をかけずに
豊かに生きるための術と知恵を持っています。
ここではお金と豊かさについて
語ってみたいと思います。

26 半径1メートルのしあわせ

若いときは、とにかく「お金が大切」「見た目が大切」「着ている服が大切」と思っている人も多いでしょう。しかし、人生で大切なことはそういうことではありません。お金や財産よりも大切なものはたくさんあります。

最低限の収入さえあれば、人生のしあわせはそのほかのことで得られます。健康であること、仕事があること、娘の成長、自然など……これらはお金がかかりません。

私にとって、「自然」はインスピレーションの根源で、エネルギーとしあわせをもたらしてくれます。

霧雨の中、自転車で図書館に行き、新鮮な空気と夏の訪れを感じたとき。秋の暗い夜、美しく色づいた葉、落ち着いた太陽の日差し、いろいろな角度から差し込んでくる明かり、カラッとした秋の気候。冬も素敵です。真っ暗な冬。寒さ。暖かい毛布にくるまること。雪とともに訪れる静けさ……。娘もしあわせをもたらしてくれます。楽しそうな娘の姿。友人をつくったり、新しいことを覚えたり、発見したり。

健康で気分がいいときもしあわせです。よく眠れたとき。目覚めのいい朝。知的な人と友だちになったときもしあわせです。ワクワクするような会話やプロジェクトにかかわったとき。素敵な本に出合ったとき。執筆は、インスピレーションとしあわせを感じます。新しいアイデアが湧いたときも素敵です。

お金に関して「将来が不安だ」というのは、実質的なことよりも心理的な部分が大きいのでしょう。未来がどうなるかわからないので漠然と不安になっているだけで、そういう人はお金がいくらあっても不安なのではないでしょうか？

もちろん最低限の収入は必要ですが、多額のお金があればしあわせになれるわけではありません。お金以外のしあわせをこれから見つけてみましょう。

27 お金をかけないリッチな暮らし

お金の持つ意味は、私にとってかんたんです。「モノやサービスを買える」ということ。ただそれだけです。

20代なかばから後半にかけて、ちょうど経済学の修士を取りたてのころ、私の将来のイメージは、意義あるキャリアを積み重ね、いいお給料を得ることでした。しかも、そのお給料も年々上がっていくというイメージです。

でも、今は40代なかばに入り、お金を得るよりも、もっと意味あることが人生にたくさんあることを知りました。

お金は「基本的なニーズに対して払うこと」と「予期しないイベントや費用のため」にあります。だれもが経済を考えながら生計を立てていくわけですが、大切なことは、お金と財産がかならずしも人生のしあわせと満足感をもたらすわけではない、ということでしょう。

あるところに、多くのお金を稼ぎ、それを使ってモノを買うことにしか興味がない人がいたとしましょう。その人がビジネスを大成功させて、たくさんのモノを買い、たくさんの人を集めたとします。しかし、途中からうまくいかなくなって破産してしまったら……。そのお金で買ったモノだけでなく、お金目当てに近づいてきていた人たちもいなくなってしまいます。すると、その人のもとにはなにも残らないでしょう。

お金を持っていることも、買いものを楽しむことも素敵ですが、人との関わりを大切にしたり、お金以外の豊かさを感じることも必要です。

リッチというのはお金がたくさんあることを示すのではありません。リッチとは豊かさ。お金をかけなくても得られる豊かさというのもたくさんあるのです。

28 「しあわせのプラン」も立てる

生活するうえで大切なのは「経済にあまり影響されない生き方」をすることです。そして、そのために大切なのが「長期計画を立てておくこと」でしょう。自分の経済状態を安定させ、充実した人生を送れるような方法を探すことです。

まずは、「いまと未来のための資産計画」から立ててみましょう。あなたが何歳のときにパートナーは何歳なのか？　そのとき子どもは何歳なのか？　親は何歳か？　それをもとに必要となるお金を算出します。

将来、いつ、どれだけのお金がかかるのかを明らかにすることは、意外にやっていないもの。もちろん、そのとおりになるとは限りませんが、そうしたプランをつくること自体に意味があるのです。

資産の計画を立てると得られるのは「安心感」です。そして、安定して余裕を感じることができるようになると、お金・財産・支出を別の角度から見ることができるようになります。

もうひとつ提案があります。経済プランと一緒に「しあわせのプラン」も立ててはどうでしょうか？　それは、お金以外の人生のプランです。「あなたが何に対して、喜び、しあわせ、人生の意味、満足を感じるのか？」。それをもとにしたプランをつくってみるのです。

チャリティー、新しい友人をつくること、もっと活動的になること、スポーツ、自然の中で時間を過ごすこと、家族と時間を過ごすこと、誰かに優しくすること、新しいことを覚えること……。これらが自分にとってどういう意味があるでしょうか？　お金のプランと合わせて、自分だけの「しあわせのプラン」をつくってみましょう。

29 安いお店に行くと貧乏になる？

「何にどのくらいお金を使うのか」という金銭感覚は大切です。

たとえば、まったく同じものが100円ショップで安く買えるのであれば、その方がいいかもしれません。しかし、安くても質の悪いものを選んでしまったために買い替えの頻度が高くなってしまっては、結果的に損をしてしまいます。安さと品質のバランスを考えましょう。

消費者行動に関するイギリスの本に、「ある女性の家のまわりには安いお店があったにも関わらず、その女性の使う金額が、毎年どんどん上がっていった」と書いてありました。たしかに、H＆MやZARAなどに行くと「安いからいちおうジーンズを3本買っておこう」といったように必要以上に買ってしまうことがあります。人の心理はおもしろいものです。

私は買いもののときに、
・「本当に必要なのか」を考える
・必要なものであれば、きちんと比較して安い値段で買う
この2つを心がけています。

さらに大切なのが、世界に目を向けるということ。将来の自分という狭い範囲のことだけでなく、さまざまな人がいる広い世界を見られることができれば素晴らしいですね。

自分のまわりの小さく平和な世界に甘んじて、シェルターの中に入り続けるような生き方は、楽で安全なものでしょう。しかし、すこし外に目を向けてみると、飢餓で苦しんでいる国もあります。自分のお金がどこに使われるのか？　正しいお金の使われ方をするのか？

少し想像力の羽根を広げて、お金の旅の行方も考えることができると豊かなお金の使い方ができます。

30　分かちあえば買わなくていい

ここ数年、フィンランドでは「分かちあう社会」現象が起きています。「分かちあう社会」とは「すべてのモノを所有する必要がなく、お互いに貸したり借りたりする社会」です。

たとえば、電動ドリルが家になくても、必要なときにご近所さんからお借りする。また、自分の車を数時間ご近所にお貸しする。また、土地やモノを誰かに貸し出す。

「分かちあう経済」モデルは、車やマンションなどの値段が高い財産で、その財産が十分に使用されていないときに効果を発揮します。分かちあうこのシステムは、個人やグループがあまり使われていない財産からお金を生み、物理的な財産がサービスとして提供されるわけです。

私の家族には、サマーコテージが2つあるので、一つを別の家族に貸し出します。また、車がなかったころは、大きなショッピングやモノの移動をしなければならないときに友人から借りていました。

フィンランドでは、年に2回「クリーニングの日」があり、モノを売ったり、リサイクルしたり、公園や庭でフリーマーケットのブースを建てたりしています。フィンランドの人は、もう使用しないものはリサイクルをしたり、あげてしまうのです。

70年代に多かった「ガラクタが多い生活」から離れ、「必要なモノだけに囲まれて生きる生活」へ。必要でないものを売ったり、リサイクルしたりすることは、この「分かちあう社会」に参加することであり、自分の家を片づけながら、安く倹約して暮らしたい人たちにとって、とても都合のいいシステムなのです。

31 クジで100万ドルが当たったら

突然ですが、もし100万ドルが当たったら、あなたの人生はどう変わると思いますか？　私は、突然お金持ちになっても幸福度は変わらないと思います。

季節の変わり目や川のせせらぎなど、本当に小さなことに喜びを感じますし、本を書くことに集中できる時間があって、そして、娘の人生に関わっていくことができれば、それだけで私はしあわせだからです。

中には、100万ドルが手に入ったら生活をすべて変えたいという人もいるでしょう。そのように思うのは、自分の状況が不幸だと感じているからではないでしょうか。そういった人たちは、いまの生活でしあわせを感じられるように、積極的に自分の人生の見方を変えていくといいでしょう。

忙しい日々に追われ、自分の人生を味気ないものだと決めつけてしまっている人には、少しだけスローダウンして、まわりにどれほど美しいものがあふれているかということに気づいてほしいのです。

私は一人で娘を育てているので、あわただしい毎日です。朝は子どもを学校に送って行って、お弁当を片手に仕事に行き、夕方は娘をテニスなどの習いごとに連れて行って、そのあいだに私はウォーキングをします。夜は夕食をつくって一緒に食べ、娘が宿題を全部終わらせたことを確認して、夜8時か9時ごろに寝かしつけます。娘はまだ小さいですし、手間もかかりますが、娘とのそういった毎日にしあわせを感じており、とても楽しいのです。

デンマークにはＨｙｇｇｅ（ヒュッゲ）という言葉があります。日本語に訳すのは難しいのですが、あえて言えば「和む」「ほっこりする」といった感覚のことでしょうか。暗く寒い冬でも、家族や友だちとの楽しい団らんを過ごすことで小さなしあわせを感じるのです。この「ヒュッゲ」を忘れなければ100万ドルがなくても、しあわせを感じることはできるはずです。

Chapter6

Home

家は自分だけの聖地

あなたは家が好きですか？
あまりにあたりまえにそこにあるので
考えたこともないかもしれません。
家を最高の場所にすると人生は楽しくなります。
ここではフィンランド人がどのように家を
楽しんでいるかをご紹介します。

32 Tシャツ1枚で過ごせるフィンランドの家

フィンランドの家の事情についてお話ししましょう。

フィンランド人は、一戸建てかマンションに暮らしています。マンションは、高層マンションか2階建ての長屋のような住宅。街の中心地ではマンション、郊外では戸建に住んでいる人が多いのは日本と同じかもしれません。

「ローハウス」と呼ばれる長屋形式の家（低いテラスハウス）は、フィンランドっぽい家です。いわば「つながっている家」で、裏に庭がついており、ときには共有スペースもあります。

ローハウスのいいところは、暖房代や管理費用を分かちあえること。そして、ご近所付き合いがあることです。たいていは共有の庭があり、子どもがいる場合は、友だちをつくって一緒に遊べるのが最高です。

日本との家の構造上の大きな違いは、断熱（断冷）ではないでしょうか。日本に暮らしているとき、隣で家の建築がはじまり、毎日その過程を見ることができました。一番びっくりしたことは、外部の壁と浴室のタイルのあいだに、ほとんど断熱材が使用されていなかったことです。

フィンランドでは、寒暖の差が激しいため、建築に関して多くの規則や規定が設定されています。大きなポイントが断熱です。フィンランドの冬を過ごすのには、適切な断熱材が設置されていなければ、サバイバルできません。冬の一番寒い時期は、マイナス30度まで下がるのです。

それに比べて日本では、外の気温が家やマンションの中にいても感じられます。外が寒ければ、中も寒い。蒸し暑ければ、室内でも蒸し暑い。フィンランドでは、一番寒い冬の時期では、室内は暖かく、Tシャツ一枚でも過ごすことができるほどなのです。

33 大きめの間取りとユーティリティルーム

フィンランドの家の間取りはひと部屋が大きくオープンです。それに比べて日本は、一部屋一部屋が小さめに区切られているように思います。そのため、空調も部屋ごとに設置されます。フィンランドの家やマンションでは、すべての部屋が均一の温かい温度に保たれています。

また、フィンランドで特徴的なのが、「ユーティリティルーム」があること。これは、洗濯やアイロンがけをする部屋です。

それから、小さなマンションでもそれぞれサウナがついています。ほとんどの家がシャワーを使用し、お風呂はあまり人気がありません。また、バスルームにトイレが設置されている場合が多いです。

フィンランドでも、日本と同じく家の中で靴を脱ぎます。ただ、家に招待されてもスリッパは提供されません。日本に比べてスリッパの使用は少ないのです。フィンランド人は、ふだんもスリッパを履かず毛糸の靴下などを履いています。

私は娘と一戸建てに住んでいます。そして、家にいる時間が大好きです。

大好きな家の窓からは、四季の変化を見ることもできます。いまこの文章を書いているのは6月なかば。窓から白いライラックの木と「雪だるま」と呼ばれるロゼウムが目の前の庭に見えます。雪だるまのような花をつける灌木《かんぼく》です。淡い緑の葉をつけた若いオークの木が片隅にあります。道の反対側の隣には、とても背が高い白樺の木があり、風の中で心地良くサラサラと音を立てます。冬には景色はまったく変わって、雪と氷に覆われます。

長くて寒い冬を乗り越えるため、フィンランドの人びとは日本よりも多くの時間を家で過ごします。長く過ごす家を最高の場所にすることで、フィンランド人は毎日を楽しく過ごしているのです。

34 キャンドルのオレンジはしあわせの色

フィンランドでは、家の時間を楽しむためのアイテムとして「キャンドル」をよく使います。キャンドルを使うのは、明るくするためというよりも雰囲気をつくるためです。食事のときやロマンチックにしたいとき、特に冬の雰囲気づくりです。

みんな早くキャンドルが使いたくて、毎年うずうずしているくらいです。「暗い秋の夜がようやく来た。キャンドルを出そう！」という具合に。

外にあるランタンにキャンドルを入れたりもします。氷のランタンや雪でつくったランタンに入れることもあります。知り合いは、娘と一緒に氷のランタンをつくったと言っていました。私も子どものころにお父さんとよくつくったものです。正確な氷の厚さにするために大きなバケツにランタンを入れて凍らせるのですが、それが難しかったのを覚えています。

紅茶を温めるティーライトもポピュラーです。ティーライト・ホルダーもたくさん出ています。たとえば、イッタラの「キヴィ・ティーライトホルダー」や「フェスティボ・キャンドルホルダー」はアンティークの定番です。

10年くらい前からよく見るようになったのが「フェアリーライト」です。屋内外で冬の雰囲気づくりに使われています。屋内では、カーテンレールからぶら下げたり、大きなガラスの器に入れたりします。外では、軒の下に氷柱のようにぶら下げたり、庭の木々を飾ったりします。一年のうちで暗い時期に、妖精のような雰囲気を醸《かも》し出してくれるのです。

クリスマスには、トナカイのかたちをしたものなど、いろいろな電飾を木につけることも多いです。もちろんクリスマスツリーにもつけます。

お庭や家の中をオレンジのあたたかな明かりで照らすことで、寂しい冬も明るく楽しく乗り切ることができるのです。

35 庭でベリーの木や観葉植物を育てる

家の中では、種から植物を育てています。

私はアボカド、オレンジ、レモン、ライム、グレープフルーツをたくさん食べるので、アボガドや柑橘系の植物を育てています。すでに育っている植物を買うのではなくて、少しずつ育っていくのを見るのも楽しいものです。

庭のある家では、役立つものを育てている人が多いです。ほとんどの人が育てているのがベリーの木（黒や赤のカラント）。森でベリーを採るだけではなく、自分の庭にも欲しいのでしょう。フィンランド人の考え方は、つねに合理的でそこに利益があることを好むようです。バラを育てている人もいますが、あまり多くはありません。やはり「役に立つ」ということが大切なのです。

お友だちの家のバルコニーには、小さなグリーンハウスがあります。このあいだトマトを植えたばかりだと話していました。

そのバルコニーには、バーベキューセットもあり、屋外でよく食べるそうです。サマーコテージの習慣から来ているのか、フィンランド人の多くは、外で食べるのも大好きです。

日本に住んでいるとき、バルコニーは洗濯を干したり物置にしたりする場所でしたが、フィンランドではもう少し日常を楽しむためにバルコニーを使います。

バルコニーやテラスを飾っている人もいますし、バルコニー専用の家具などもたくさんあります。日本ほど夏が暑くならないので、夏のあいだ、生活空間がバルコニーやテラスまで広がるのです。

36 家事を楽しくする3つのポイント

私は家事が好きです。つまらないと感じることもときにはありますが、身のまわりをひとつずつきちんと仕上げていくことは楽しい作業です。片づけることも好きで、やり終えたときの達成感は最高です。そうじ機をかけ、モップがけをしたあと、はだしで床を歩く瞬間が心地いいのです。

手を洗ったあとの洗いたてのタオルの感触、夜寝るときの洗い立てのシーツの感触も大好き。また、テラスの戸をあけると新鮮な空気が吹き込んできて、その中でアイロンをかけ、いろいろなことを考えるのもお気に入りの時間です。

そうはいっても「家事は面倒だな」と思う方も多いでしょう。ここでは、長い経験からわかった、家事を楽しくするための3つのコツをご紹介しましょう。

①5分だけ手をつける

最初のポイントは、「5分だけ手をつける」です。

やまほど片づけがたまってウンザリしたら、まずこの言葉「5分だけ手をつけよう！」と自分に言い聞かせます。そうすると、とたんに気持ちが楽になり、のばしのばしにしていた苦手な家事にも取り組めるはずです。「やらなければならない」という心のハードルは、その家事そのものよりも高いのです。

人生のさまざまなチャレンジもそうですね。もちろんたいてい5分よりも長くかかりますが、最初は気軽な気持ちで楽に取り組み、「そうじ機をかけて、床を水拭きしても5分だわ」と思うようにしています。

②完ぺきを目指さない

2つ目のポイントは、「完ぺきを目指さないこと」。

完ぺきを目指しているとき、その目標に到達する道のりはとても遠く重苦しいものです。完ぺきを目指すばかりに、あとまわしにしたり、まったく手をつけなかったりすることもあるでしょう。でも、完ぺきを目指さない場合はどうでしょう？　素晴らしく開放的ではありませんか？

「なんでも適当にやれ」とか「精一杯やらないでいい」と言っているのではありません。ただ、完ぺきを目指すことをやめればいいのです。

完ぺきというのは、たとえるならカチッとした制服のようなもの。これだと、個性が見えません。ちょっと欠けていたり、ひびが入っていたりしても、素敵な茶碗はあります。完ぺきを目指すことをやめると自分の固定された見方から解放されます。さらに言えば、社会のプレッシャーからも解放されるのです。

勇気を持って完ぺきを目指さないこと！　完ぺきな家を完ぺきにそうじしないこと。チリひとつ落ちていない家よりも、もっと大切なことが人生にはあるはずです。

③「ついでそうじ」をする

3つ目のポイントは、「ついでそうじ」をすることです。

食べ終わったら、その「ついで」にお皿を洗う、服が汚れたら「ついで」に洗濯機に入れる、子どもにはおもちゃを使ったら「ついで」に片づけるように教える（これを教えるのは親として至難のワザですが……）など、つねにその場で「ついで」に片づける習慣を身につければ、楽チンです。

そうじゃ片づけは少しずつ、なにかをやる「ついで」にやる。そうすれば、かならず片づいた家になるはずです。

37 「そうじの日」を決める

意外かもしれませんが、フィンランド人は日本人ほど一生懸命に家のそうじや片づけをしません。もちろん、散らかった家に住んでいるというわけではありません。効率よくそうじや片づけをすることで、清潔さを保っているのです。

私は毎日そうじをするのではなく、「そうじの日」を決めています。

私が子どものころは、週末の前、木曜日か金曜日の仕事のあとがそうじの日でした。最近は、20年前に比べて生活自体が忙しくなっているので、上手に最適なタイミングを見つけてやっています。

フィンランドには、そうじに集中する年中行事がいくつかあります。

たとえば「春の大そうじ」。ふつうのそうじも日常的にやりますが、もっと大がかりな窓の拭きそうじ、衣替え、衣類の整理をおこないます。衣類の整理は、人にあげたり、フリーマーケットで売ったり、オンラインのリサイクルショップで売ったりします。

初夏は、家はもちろん、サマーコテージやサウナをそうじする季節です。クリスマス前の「準備そうじ」もあります。

全体として、フィンランドのそうじや片づけに対する哲学は、シンプルで大らかなものです。

家族のそれぞれが学校や仕事に行き、女性も家にいませんから、そうじは生活の中心ではないのです。それでも、みんなきれいな家に住んでいられるのは、そうじの日を決めたり、年中行事のときに家族みんなでそうじをするからです。

なかなか日常的にそうじができない人は「そうじの日」を決めて、集中してそうじをしてみてはどうでしょうか?

Chapter7

Art & Books

アートは人生に
彩りを与える

アートは無駄なものではありません。
アートこそが日々に感動を与え、
人生に潤いをもたらします。
美術館や図書館に行ってみるのはどうですか?
ここではフィンランド人のアートや教養との
付き合い方をお伝えします。

38 分厚くておもしろい本には濃い目の紅茶

これを書いているいまは、ちょうど夏休みシーズンが始まるところです。人びとは夏休みの読書用の本をあちらこちらで揃えています。書店ではセールの宣伝、電子書籍は夏の割引、図書館では机の上にミステリー小説が並べられます。

長いフィンランドの夏休みは、読書に最適。多くの人びとがそのつもりで準備します。4週間ですから、たっぷりと時間があるのです。

私も娘もちょうどサマーコテージに行くための荷づくりをしていますが、本をたくさん用意しています。この夏は、アマゾンで注文したアレグザンダー・マコール・スミスの軽めのミステリー小説、図書館で借りたP・G・ウッドハウスのジーヴス・シリーズ、ジュリアン・バーンズの小説を読む予定です。もう一冊、本棚にあるイアン・マキューアンの小説も持っていきます。みんな大好きな小説家ばかりです。

想像するといまからワクワクしてきます。サマーコテージのベランダに腰かけ、濃い目の紅茶が入ったマグカップと分厚くておもしろい本。まわりの自然が私の友だちです。鳥がさえずり、湖の波が静かに岸辺を打ち、白樺の葉が風にそよいでいます。

サマーコテージのお隣さんも読書家なので、よく本について話し合います。会うのは夏だけなので、1年のあいだに読んだ本の情報交換をするわけです。彼女は定年退職しているので、私よりも読書をする時間があります。彼女のサマーコテージで一緒にコーヒーを飲みながら、お互いに読んだ本やいま読んでいる本について語るのです。

彼女の素敵なところは、つねに好奇心があること。図書館によく通い、メディアで話題になっている作家がいると、読んでいなければ「試してみよう!」と思うそうです。新しいものにはそういう態度でいたいものですね。

39 未知の世界に導いてくれる図書館

私は図書館で時間を過ごすのが好きです。

図書館愛好者のコミュニティにも所属していて、ほとんど毎週図書館に行き、数時間そこで過ごします。

図書館は、知的な栄養を得る場所であり、知識や文化に触れる場所です。

私が行く図書館は、オウルの中央図書館。ここは建物自体がさまざまなインスピレーションを与えてくれます。

大きなコンクリートの壁に囲まれ、広々としたスペースとアルヴァ・アールトがデザインをした家具などが置いてあります。

広さと静けさに包まれて、あてもなく本を探し、ワクワクし、考えたこともないことを考える空間です。そして、そんなに借りる予定のなかったたいっぱいの本を抱えて帰ります。

私も娘も、よく図書館に行きます。

ただただ本を眺めたり、読んだり、書いたりするためだけに図書館に行くこともあります。書くときは、図書館の静かな自習室を使います。たくさんの学生や研究者が、そこで静かに本を読んだり書き物をしたりしています。また、友だちと図書館のカフェでコーヒーを飲んだりすることもあります。

図書館は毎日をより文化的で豊かにするための大切な場所。あなたの町にもきっとあるはず。ぜひ行ってみてください。

Kertomakirjallisuus
Fiction in Foreign
Languages

Kertomakirjallisuus
S-U

40　美術館で現在から離れて旅をする

美術館、アートギャラリー、劇場は心を豊かにしてくれる場所です。

ただ、私の住むオウルは大都会ではないので、美術館やアートギャラリーはたくさんありません。ロンドンにいたときに素晴らしかったのは、無料で美術館や大きなギャラリーに入れたこと。フィンランドではたいてい入場料が必要です。大英博物館、ヴィクトリア&アルバート博物館、トラファルガー広場にあるナショナルギャラリーで過ごした時間は、いまでも発想のもとになっています。

美術館やアートギャラリーで、なぜ人は感動するのでしょうか?　おそらく一歩だけ現在から離れ、本の知識などではなく「過去の世界がどのようであったか」という場面が目の前で展開されるからではないでしょうか。過去の実物を見て、あとは想像におまかせです。

美術館や博物館、アートギャラリーで、絵を眺めることは、おもしろい本を読むのと同じこと。絵の中で起きたことを見て、想像して、そのあとに起きるかもしれないことを考え、人びとが感じていることを感じ、どのような人物たちなのかを想像します。

絵を近くで見るのも好きです。美しい景色の絵画を見ると、そのままその絵の景色の中に引き込まれてしまいます。また、近くで見るとアーティストがどのようなテクニック、色づかいをしたのか、その絵を創り出す過程でどのようなことを経験したのかも見えてきます。

図書館とも似ていますが、美術館、博物館、アートギャラリーは、創造を生み出す場所です。想像をしたり、新しいものを生み出したりする場所。フィンランド人が海外旅行のときに行きたがるのは美術館です。

41 アートは別世界に連れて行ってくれる

芸術は癒しです。芸術は心地よさを与えてくれ、あるときは長いあいだ感じていなかった感情が浮かびあがり、あるときは日常から解放して別世界に連れて行ってくれます。バレエのような言葉のない芸術によって涙を流してしまうほど感動する。それには自分でもびっくりしてしまいます。また、情熱的なオペラの素晴らしさときたら！

芸術は、絵画、彫刻、アンティーク家具や陶器などいろいろなカタチをしていますが、所有していなくても心から楽しむことができます。すごいお金持ちでないかぎり、フィンランド人のほとんどは、芸術作品を所有したいと思わないでしょう。どちらかといえばフィンランドの人は、家の内装を変えたり、ペンキを塗ったり、台所や浴室をリフォームしたりすると思います。

舞台も大好きです。学校で最初に観に行った舞台をいまだに覚えています。最近は、チェーホフのような古典や現代のイギリスのコメディーも好きです。ヘルシンキやロンドンで観た舞台はいまでも頭の中に残っています。

職場でも劇場の新しいシーズン・パンフレットがくると、みんなで眺めて楽しみ、コーヒーブレイクの話題になります。「なにを観に行く?」とみんなでおたがいに聞き合うのです。

フィンランドは小さな国ですが、そのわりにはいくつも交響楽団があります。クラシック音楽は学校で学び、多くのフィンランドのオーケストラの指揮者やオペラ歌手が国際舞台で活躍しています。

私もできるかぎりクラシックのコンサートに行くようにしていますし、家や車でも聞きます。クラシックのコンサートに行くと、音楽から物語が見えてくるようです。目を閉じていると、音楽が私の目の前で物語を繰り広げてくれるのです。

42 ＳＮＳよりほんものに触れる

最近読んだ本に、こんなことが書いてありました。

重い病気になってしまい余命を宣告された人が、心理学者に言われて一番にやったのは「コンピューターを消すこと」でした。ソーシャルメディアに接することも一切やめて、森に行き、家族との日々を大切にするようにしたのです。そして、子どもの成長の記録を書きはじめたのだそうです。

私もソーシャルメディアを見て2時間経っていたときに、少し時間を無駄にしちゃったなと後悔します。インターネットに費やす時間を少しずつ減らして、本を読むなど、ほかのことをするようにしています。

今がコンピューターやＳＮＳの時代だとすると、なにかそれに相反するもののウェーブが来るのではないでしょうか。フェイスブックなどのＳＮＳを、完ぺきにやめた人たちを知っています。紙の本の売り上げも、一時イーブックの人気に押されて落ちていましたが、いま少し上がってきているといいます。コンピューターやSNSの世界がほんものじゃないということに気がつき始めているのです。

今の時代は、親世代が子どもだったころとはまったく違います。ふつうにネットワークを駆使してコミュニケーションをとっている。実際に会わなくてもかんたんに連絡が取れる。楽に人とコミュニケーションできるから寂しくない。それはとても便利なことです。しかし、バーチャルの世界であることは変わりません。

ぜひほんとうの自然に触れてください。ほんとうの人とコミュニケーションしてください。ほんとうの世界を楽しんでください。

人生に残された時間を意識したとき、真っ先にやりたいのはSNSを眺めることでしょうか？　新しいものも素晴らしいと思いますが、ほんものの本を読む、ほんものの人と接する、ほんものの生き方をするということも大切なのではないかと思うのです。

Chapter8

Food & Exercise

ただしい
運動と食事は
しあわせの基本

健康はしあわせの基本です。

健康は運動と食事によってつくられます。

しかし、日本人は無頓着な人も多いようです。

ここではフィンランド人の

運動のしかた、食生活について

語ってみたいと思います。

43 運動していない人はほとんどいない

朝食のとき、台所の窓から人がなにをしているのかときどき眺めます。日曜日の今日は数分のあいだに、50歳くらいの女性がノルディックウォーキング、若いカップルがマウンテンバイクに乗ってサイクリング、2人の男性がフルの長距離用サイクリングギアを付け、ロードバイクに乗って通り過ぎていきました。

フィンランド人にとって運動は日常生活の一部です。「運動をして健康な体でいることは人にしあわせをもたらす」という考えが浸透しているのです。運動が健康な生活につながることは小さいころから教わっています。

前述したとおり、会社に勤めている人も仕事は夕方までなので、平日でもエクササイズができます。同僚や友人をみても、運動をしていない人を探す方が難しいくらいです。長時間仕事をしている人でも、その中で時間をつくって、運動をするようにしています。雇用主も、たとえばエクササイズの券（バウチャー）を従業員に提供し、職場での従業員の健康に寄与しています。

日々運動することは、フィンランドではとてもふつうのこと。運動は、生活の一部です。ほとんどの人がなにかしら運動をしています。食事をしたり、睡眠をとったりすることと同じようにふつうにおこなわれているのです。

フィンランド人は、ふつうのウォーキングはもちろん、ストックを使って歩くノルディックウォーキング、サイクリング、ジム、エクササイズのクラス、バトミントンのような室内の球技ゲーム、室内ホッケー、フロアボールなどが大好きです。冬になると、クロスカントリースキー、アイススケート、スキーなどが人気のスポーツです。

44 運動を習慣にするいくつかのコツ

運動は習慣化しなければ意味がありません。そこで、運動を習慣化するためのコツをいくつかご紹介しましょう。

まずは「自分に合った運動をすること」です。年をとると、好みや体に合ったスポーツは変化してきます。私も若いころはジョギングをしていましたが、いまは長距離のパワーウォーク、水泳やヨガのほうが心と体に合っています。冬には、クロスカントリースキーをします。あなたの体、年齢、精神状態に合うような運動を選んでください。自分が本当に好きなこと、体や精神に合ったものを選べば、やめる確率も低くなります。

また、「かんたんにできる運動であること」つまり、「日常に組み込みやすいもの」であることも大切です。わざわざジムに行かなければいけないとなるとハードルは上がります。私は、東京やロンドンなどの大都市に住んでいたころ、かんたんにジョギングやウォーキングができるように大きな公園の近くに引っ越しました。オウルの町に帰ってきたらヨガの教室がほとんどないので、自分の家でヨガをやっています。家や近所でできるエクササイズは、お金もかかりません。公園や川辺、どこでもよいので長い散歩からはじめてみてはどうでしょうか？

さらに「友人や同僚と運動する予定を入れる」のも効果的です。誰かと約束をすると、運動をサボってしまう機会も減るでしょう。また、話をする相手がいると、長時間のウォーキングもあっという間に終わります。

「ながら運動」もおすすめです。ジョギングやウォーキングのときに、音楽やオーディオブックを聴いたりしてみてはどうでしょうか？

まずは週3回20分ずつでよいので運動をしましょう。運動は、仕事の疲れをとってリラックスし、ストレスを軽減させ、健康を維持する大切なものです。睡眠の質もよくなりますし、体重、血圧なども管理できます。

45　素朴でシンプルな食生活

ここからは食事の事情をご紹介しましょう。

フィンランドの食は日本の食に対する美意識に比べると、中身も見た目も非常に「シンプル」です。

もちろんレストランに行けば、盛り付けのきれいなお料理もあります。しかし日常生活の中では、あまり食事の見せ方には興味がないようです。

日本のように食事を「きれい！」とほめたり、食事の美しさを考えてつくったりすることはありません。フィンランド人の食べ物や食事に向かう姿勢は、非常に日常的であり、素朴でカジュアルなのです。

フィンランドも日本と同様、朝食、昼食、夕食の三食です。

典型的な朝食はポリッジ（オートミール、またはミックスシリアルかライ麦）にバターをのせたり、冷凍ベリーをのせたりします。または、オープンサンドにトッピング（チーズやハム）にコーヒーか紅茶。ヨーグルト、ジュース、ミューズリー（シリアルの一種）も朝食の定番です。

ほとんどの会社には「キャンティーン」と呼ばれる食堂があり、割引料金で食事ができたり、キャンティーンがない場合は、雇用主がレストランの食券を買って、従業員がランチと交換できるようにしています。ほとんど全額支給です。フィンランドの学校や幼稚園は無料で昼食とおやつを提供するので、お弁当をつくる必要もありません。

フィンランドでは、家または職場・学校のカフェテリアで食事をするので、日本のように外食をすることは頻繁にありません。なぜなら、日本に比べて値段が高いからです。外食は特別な日、たとえば、誕生日、友人と会うとき、ビジネスディナーのときだけです。

46 あらゆる場面でパンは欠かせない

フィンランド人は、ほとんどの食事とともにパンを食べます。朝食、昼食、夕食、おやつにもです。フィンランド人にとってのパンは、日本人にとってのお米と同じ。食生活の中での主となる食物繊維です。

パンはいろいろなシチュエーションで食べます。日常のパン、お祭りのときに食べるパン。朝、コーヒーとオープンサンドを食べる人も多くいます。ライ麦パンの上にサラミとトマト、トーストされた雑穀パンにチーズときゅうり。一切れのパンの上になにをのせるか、想像の数だけあります。

典型的なのは、ハム、サラミ、バロニ（ハムの一種）、チーズ、トマトときゅうり。友人の50歳のお誕生日パーティだったら、薄くスライスしたグラバラックス（サーモンのマリネ）か冷たいスモークサーモンをライか白いパンの上に。イクラをライクリスプ（フィンクリスプ）やトーストした白パンの上に置いたりして、シャンパンと一緒にいただきます。

フィンランド料理でひんぱんに使用される食材は、ジャガイモ、魚（ノルウエー産のサーモン、ニジマス、カワカマスなどの川魚）、肉、野菜ではトマト、キュウリ、玉ねぎ、にんにく、ピーマン、キャベツ、ニンジンなどです。

フィンランド料理の肉や魚のおともはお米やパスタではなく、ジャガイモです。フルーツで一番多く食されるのは、リンゴ、オレンジとバナナです。

また、乳製品もとても多く消費されます。スーパーに行くと、多くの種類の乳製品が並んだ大きな冷蔵棚があります。そこには、何十種類ものヨーグルト、さまざま脂肪の％で分けられた牛乳、低乳糖、無乳糖、米、大豆、アーモンドミルクなどの牛乳代替製品、大豆やオーツ麦のヨーグルト、クォークやヴィッツリなどのフィンランド独特の酸乳製品が並んでいます。

47 食べものは自然からの贈りもの

フィンランドと日本の食事で似ていることがあります。生の魚を食することです。グラバド（塩漬け）や冷製のスモークサーモンなどは定番です。

もちろん温かいスモークサーモンやグリルした魚も人気で、スーパーの魚売り場に並んでいます。ただ、魚を家でスモークやグリルする人は少なく、調理済みのものをお店で買うことが多いです。また酢漬けニシンも多く食され、特に夏のあいだ、フレッシュディルを振りかけた新ジャガと食べます。

フィンランドのごちそうには、たとえばトナカイのお肉、またはエルクといった野生動物のお肉があります。熊の肉を料理するレストランもあります。また、クラウドベリー（砂糖をかけたり、ジャムにしたり、またはクラウドベリーとクリームのケーキ）、黄色いアンズタケ、サーモンと白マスの子もごちそうです。

ごちそうの多くはフィンランドの森、海、湖、川からの贈りものです。森は何百年ものあいだ、フィンランド人の食生活に大きな影響を与えてきました。フィンランドの土地のほとんどが森に覆われ、人びとはあちらこちらへ歩き回り、野生のベリーやマッシュルームを拾うのです。フィンランドの人たちにとって大きな恩恵です。

森を歩き回りたくない人は、夏の終わりごろにかけてマーケットやお店で買います。ベリーは通常、家で冷凍し、冬用にジャムにしたり、ジュースにしたりします。

また、庭や家庭菜園で黒すぐりや赤すぐりを育てている人も多くいます。家庭菜園でそのほかによく栽培されているのが、ジャガイモ、レタス、ニンジン、ディルやチャイブです。すぐりも冬の保存用に栽培されます。ベリーを栽培するお庭がない場合は、イチゴ、ラズベリー、すぐりを自由に採取して売ってくれる農園もあります。

48 森のベリーを摘み保存する

フィンランド人は森に行き、ブルーベリー、クラウドベリー、クランベリーなどを集め、またはお店で大箱のイチゴを買って家で冷凍にしたり、ジュースやジャムをつくったりします。

私の子どものころの思い出は、母が大きなジュースメーカーでつくってくれた、赤や黒すぐりのジュースの香りです。母は夜なべをし、夢中でベリーを洗浄し、ジュースメーカーに入れていました。同時にジュースを保存するために、リサイクルの耐熱ガラス瓶を洗浄・煮沸《しゃふつ》するのです。ガラスのボトルを熱湯に漬け、冬にカビが生えないようにします。かなりの重労働で、また熱い労働でした。

母はジャムもつくりました。クランベリーやリンゴ、イチゴ、ルバーブなどを、ビタミンが崩れないようにゆっくりと弱火で砂糖と一緒に煮詰めていきます。私はいつも味見をしようと下で待ちかまえ、母がお皿にのせてくれた熱いジャムが冷めるのを待ちきれませんでした。

私はベリーが大好きです。ベリーはスーパーフード。健康にとてもいいのです。ベリーを摘み、保存することは、フィンランドの昔からの伝統です。無料で誰でも摘むことができて楽しめる森のベリーを利用しない手はありません。

ベリーが冷凍庫にあれば、いつでも簡単においしいケーキ、マフィン、ベリー粥やベリースープなどもつくれます。学校でも、昼食やおやつにベリーが出ます。ベリーはフィンランド人の生活と食事に大きな役割を果たしているのです。

私は毎朝、冷凍庫からスプーン2~3杯のベリーを取り出し、朝食をつくりながら解凍させます。それから砂糖をかけ、トーストや紅茶・コーヒーとともにいただきます。自分が摘んだベリーでたっぷりとビタミン補給できるので、オレンジジュースもいらないのです。

49 コーヒーの時間を楽しむ

フィンランド人は、甘いものもたくさん食べます。スイートバン（ロール）、デニッシュ、ケーキ、飴など。フィンランドのスーパーには、広いスイーツ売り場があります。

スイートバンとデニッシュに欠かせないもの。それはコーヒーです。コーヒーはフィンランドの特徴と言ってもいいでしょう。

お客様や訪問者にお出しするのもコーヒー。「コーヒーを飲みましょう！」と人を家にお招きしますし、職場でもコーヒーが出てきます。日本がお茶を出す場面で、フィンランドではコーヒーが出てきます。

フィンランド人の本質は、静かで少し保守的ですが、コーヒーを出せばとたんに話し始めます。特に長い暗い冬には、コーヒーは「気持ちをあげる」カンフル剤なのです。

ほとんどの家にはコーヒーマシンがあります。最近では、コーヒーにうるさい人たちも増え、エスプレッソをつくる機械を持っている人も多くいます。コーヒーの豆ひき、カプセル式のコーヒーなど、コーヒーの種類も増え、コーヒーに異国情緒が加わっています。オフィスでも、昔ながらのコーヒーマシンとともにエスプレッソの機械を導入しているところもずいぶんあります。

コーヒーを飲むことは、コーヒーという「飲みもの自体」よりもコーヒーを飲む「時間」を楽しむ感覚が強くあります。コーヒーの香りに包まれながら、ゆっくりとした時間を噛みしめることが、フィンランド人にとってはなによりの楽しみなのです。

Chapter9

Time & People

モノより時間
モノより人間関係

モノよりも大切なものがある。
それは時間です。それは人間関係です。
豊かな時間を素敵な誰かと過ごすことが
できれば、私はしあわせを感じます。
ここではフィンランド人の
「時間」と「コミュニティ」に対する考え方を
ご紹介します。

50 モノに囲まれてこの世を去りたいですか？

この世界では、モノを買うこと、消費することで自分を見失うことは、たやすいことです。逆に、いま持っているもので満足し、それに感謝することは難しいでしょう。

私は、なるべく少ないモノで生活するようにしています。「お金とモノがたくさんあること」と「豊かであること」はあまり関係がないと思うからです。

生活の基本がしっかりしていて、屋根があり、食べものを買うお金さえあればいい。服、台所用品、家電も、最低限のものがあれば満足です。

モノにあふれた生活よりワクワクすることは「まわりの人たちと関わり合いのある生活」です。娘、家族、友人、同僚、仕事の相手と過ごす時間が大好きです。

あなたは多くのモノに囲まれてこの世を去りたいでしょうか？　それとも多く

の人びとに囲まれながらこの世を去りたいでしょうか？

私はモノよりも人間関係を大切にしています。

あらゆる人と話すのが好きです。仕事や娘のおけいこをつうじて、たくさんの楽しい友人に出会います。人とコミュニケーションをとっているとしあわせを感じます。意義深いことや興味あることについて誰かと話すことは私の好きな時間です。

もしかしたら私は、ほかの人以上に相手の「中身」が気になるのかもしれません。相手がどんな価値観を持っているのか、どのような人生を歩んでいるのかに興味があるのです。「どんな車を持っているか」「どんな家に住んでいるか」「いくらお給料をもらっているか」「どんなファッションをしているか」といったことは表面的なことです。それよりも、相手の知的、心理的、精神的な価値観、文化的な関心に興味があります。外面的なことやモノ、財産よりも、相手の中身と自分の内面。それが大切です。

51 いろいろなコミュニティに入る

新しいモノよりも、新しい人間関係が人生を豊かにしてくれます。

日本人が所属しているコミュニティといえば「会社」くらいではないでしょうか？　平日の夜は会社の人と飲みに行く。新年会や忘年会も会社の人と。休みの日にも会社の人とゴルフに行くという人も多いでしょう。

フィンランド人は、日本人と比べて仕事のつきあいを重視していません。それよりも家族を大切にしています。フィンランド人が会社の人と飲みに行くのは、夏やクリスマスパーティーのときくらい。フィンランドでは、夕方仕事が終わったら家へ帰って家族と過ごすのがあたりまえです。

会社の人とは、夜に遊んだりはしなくても、コーヒーブレイクでたくさん話します。会社が昼休み以外にコーヒーブレイクの時間を設けているのです。私の会社は9時と14時がコーヒーブレイクの時間でした。上下関係がほとんどなくて、社長でも、人事のトップの人でも関係なく、みんなでいろいろと他愛ない話をします。週末のこと、子どものこと、ワンちゃんのこと……。フィンランドではどの会社でも、そういうアットホームな雰囲気なのです。

私はいろいろなコミュニティに入っていることは大切だと思います。私のコミュニティは、家族はもちろん、娘の友だちの親、趣味の友だち、そして職場です。

趣味の友だちとのつながり方は、人それぞれ。エクササイズが好きでジムに行って友だちをつくったり、友だちとフリーマーケットでテーブルを出すことで絆を深めたり、いろいろなかたちがあります。

私の近所に住んでいる独身の男性は、偶然にも娘と同じところに通ってテニスをしている方でした。「テニスクラブでもお会いしますね」というところから話が始まったのですが、このようなコミュニティの広がり方もあります。いろいろなコミュニティに属していることは、人生を彩り豊かにしてくれます。

52 朝起きて生きるよろこびを確かめる

モノやお金よりも大切なものがある――。

こうした私の考え方に最も影響を与えたのは、ベトナム人の禅僧侶、ティク・ナット・ハンの「気づき」の教え、そして仏教の学説でした。

ティク・ナット・ハンは「モノにあまり執着しないこと」「過剰に食べものや飲みものを摂取しないこと」「人生と仕事であまり多くのプロジェクトを抱えないこと」などを教えてくれます。

私たちは物質的な安心を求め、実際にたくさんのモノに囲まれていますが、それでもしあわせでない人はたくさんいます。

宝物のように大切に思うべきもののひとつとして、「時間」があります。私は、朝起きて呼吸をすると「これからまた24時間生きることができる！」と実感することができます。

朝、目覚めてほほえむ
まあたらしい24時間が私の前にある
一瞬一瞬をじゅうぶんに生き、
すべての生きとし生けるものに
慈愛のまなざしを向けることを約束する

——ティク・ナット・ハンの「朝起きたときの歌」より

ティク・ナット・ハンは、自分を見失わないかたちで日々を送ることの大切さを教えてくれます。心配、恐れ、熱望、怒り、欲求に流されてしまうと、自分から逃避してしまい、自分を見失ってしまいます。修練とは、つねに「自分に戻る」ということなのです。

では、「自分に戻る」にはどうすればいいでしょうか?　私の場合、「いま、現在」に集中するために瞑想をしています。

ティク・ナット・ハンは瞑想について、たくさんのためになるポイントを教えてくれています。たとえば、「ただじっと座って、なにも考えるな」とは言いません。それはとても難しいことです。

なにかをやりながら、たとえばお皿を洗いながら、歩いたり食べたりしながらでも瞑想はできます。食べているときは食べること、歩いているときは歩くこと、お茶を飲んでいるときは飲んでいること、それぞれに集中するのです。意識、集中、洞察をしながら、日々の動作をおこないます。

謙虚さやシンプルさ、少ないもので暮らすことなど、仏教の考え方はもともと日本人の思考の中にあるはずです。私が言うまでもなく、再発見されるのを待つばかりです。

良寛の俳句を見てみると、それがよくわかります。

托鉢《たくはつ》をしていると、雨にあった

古いお寺で雨宿りをした
壺とお椀ひとつが、私の持ちもの
笑いたい者は笑ってくれ
素朴で清められた私の人生は壊れた家のようだ

筆で友人に手紙をしたためる
綺麗にできた
よろこびの一瞬である

良寛の歌は、シンプルなものがもたらす喜びについて語っています。私も同感です。ルーツや伝統、シンプルなこと、生きることの不可欠な要素にもどる、ということです。人生でそれ以上のことが必要でしょうか？

53 自然とともに瞑想をする

この夏も娘をつれてサマーコテージに向かいました。車で５００キロ、何時間も運転しましたが、そのあいだずっと心に描いていたのは「着いたらすぐに車を下り、湖のすぐ近くの岩の上に座って、新鮮な空気を胸いっぱいに吸い込みたい」ということでした。私は到着してすぐに岩の上に座りました。すると運転で疲れていたにも関わらず、すぐに落ち着くことができました。

あの大きな岩の上の「指定席」からは湖が目の前に広がり、特別な瞑想の空間が生まれます。コテージでの長い夏休みのあいだ、最初は自分に課して、最低5分間は瞑想するようにしていました。そのうち、課さなくても自分から行きたくなってきました。岩の上に座り、瞑想がしたくてたまらなくなったのです。最初から長い時間ではなく、「5分間でいい」と自分で決めていたのが良かったのかもしれません。

時間帯を変えて瞑想をおこなうと、ただ湖の水を眺めるだけで、とても気持ちが落ち着いてきます。静かな水面、ゆらゆらとした水面、風がかなり吹いて荒れる水面、シトシト雨、強風……どんな中でも落ち着き、気持ちがリフレッシュするのです。夏らしくないお天気のときは、帽子、スカーフ、ジャケットをまといます。かもめが飛び込み魚を取ったり、オオハクチョウが水浴びをしたりしています。

湖での瞑想は平和な気持ちに包まれ、大きな自然を感じることができます。家に帰っても、秋や冬であっても、その岩からの湖の景色と平安な気持ちをずっと持ち続けられるように心に刻みました。

54 自分の瞑想スポットを見つける

コテージでの瞑想体験を日々の生活にも取り入れたいと考えました。なぜ、コテージでの瞑想は素晴らしいのか？　鍵は「水」の存在だと思いました。そこで水のある場所を探してみました。

ひとつは、防波堤がなくなったところから見える海です。家からちょっと距離があり、サイクリングか運転が必要な場所です。あと、家からすぐの川の近くの誰も使っていない木の桟橋です。

私にとって、バルコニーは家での瞑想スポットです。新鮮な空気と自然に抱かれる感覚が、私の瞑想にとって大切なのです。

使っていない植木鉢やガーデニングの道具を片づけ、バルコニーの床も拭いて、木のベンチの上に柔らかい毛布を敷きました。そして、青々とした木に向かって瞑想を始めます。水は近くにありませんが、風に吹かれる葉っぱの音が心を落ち着かせてくれるので問題なし。雪が降る寒い冬でもバルコニーで瞑想をしようと考えています。暗ければ、ロウソクをランタンの中に灯せばよいのです。

日常に瞑想を取り入れてみましょう。まずは、瞑想ができる場所をいくつか探してみてください。川、池、海、公園、木など自然のある静かな場所が理想です。瞑想をあまりしたことがない人は、まず5分間だけでもリラックスし、静寂を楽しみましょう。

そして、呼吸の練習をしましょう。瞑想をしているときは、ゆっくりと吸い込み、ゆっくりと息を吐きます。自然に身をまかせ、まわりに気を捉われることなく、また無視するのでもなく、共存する感覚を持ちます。

私にとって、瞑想とは自然の一部になることです。新鮮な空気、美しい自然や水を見つめるだけで、心が落ち着きます。自然に抱かれながら、体を静止させ、心をリラックスさせましょう。

55 見えない存在を信じる

フィンランドには「エルフ」や「こびと」がいます。これらはサンタクロースの助手だと言われています。昔は、サウナのこびと、森のこびと、農家のこびとといったように、その場所を守ってくれるこびとがいると信じられていました。

伝統的なフィンランドの物語に基づいている「マウリ・クンナス」という童話にも、こういったこびとがでてきます。大人はそういったものは信じていませんが、「いつもこびとさんが見ているから、いい子にしていないとクリスマスにプレゼントがもらえないよ」と子どもに話すので、信じている子どもはたくさんいます。子どもの本には、森の精霊や水の神様といったものたちがよく出てきます。

日本にも、神様や精霊が出てくる話はたくさんありますね。「千と千尋の神隠し」では、八百万《やおよろず》の神が客として集まってお風呂に入りますし、ほかのジブリ作品にも、森の精のような存在がよく登場します。「古事記」や「日本書紀」といった、はるか昔の日本で作られた、国のあらましに関する壮大なスケールの物語にも、神々の伝承が書かれています。

両国ともそれぞれに物語がありますが、日本人の方が、目には見えないけれどいるかもしれない存在を信じているのではないでしょうか。日本には、ありとあらゆる自然に神様がいる、八百万の神が自分たちを見ているという考え方をしている人が多くいます。それに対し、フィンランドの人たちは、森や湖などから受ける恩恵は素晴らしいと思っていますが、自然は自然そのものだと捉えているので、「畏敬の念」のようなものはもっていません。日本人がなんとなく畏れ多いと感じている富士山を見ても、フィンランド人は、「残念だけれど日本人が思い描くものとは違うものだろう」と思います。

フィンランド人のほうが現実的なのかもしれません。日本のそうした精神性は素敵だと思います。

おわりに

くらべず、執着せず、自分らしく

ムーミンシリーズの作者、トーベ・ヤンソンさんは素敵な世界を創造しました。その中でも突出しているのは、出てくるキャラクターの個性的な性格です。

お父さんはいつも旅をしたがっていて、ミーはすごくわがまま。ムーミンはちょっと臆病者で、お母さんはすごく現実的。そしてスナフキンは、とても自由気ままに独りで生きています。

大人になってからムーミンを読むと「ああ、こういう人がいるな」「こういう考え方があるな」と子どものころには見つけられなかった発見があります。

ムーミン谷の仲間は、それぞれ個性が違っても、お互いに尊重しながら楽しく生きています。

では、私たちはどうでしょうか?

人はついつい他人とくらべ、他人をうらやんでしまいます。嫉妬という気持ちもなかなか厄介です。

たとえば、おとなりさんの大きな車や家がうらやましくなるかもしれません。その気持ちを乗り越えるには、もしそれが本当の喜びになるなら、一生懸命働いて大きな車を自分で買えばいいでしょう。

しかし、大きな車を買ったところで、さらにいい車を見つけたら、さらに嫉妬が生まれてしまいます。それは終わることがないのです。

いちばんいいのは、自分にとっての豊かさを定義することです。私ならこの道を選びます。

私自身、大きく高価な車はいりません。お買いものに行って傷つけたり盗まれたりすることを心配するのが嫌だから、という理由もあります。いまの中古の車であれば、そういう心配もありませんし、第一、問題なく走ってくれます。

自分の生き方、「生きるスタイル」を見つけることで、ほかの人やその裕福さをうらやんだりしなくなります。自分が何に喜びを感じ、満足するのか？

何が生活に必要なのか？　それをじっくりと考えてみましょう。

日本では「みんなと同じであること」が、いいこととされているようです。それでも、自分らしく生きる勇気を持ってほしいのです。自分が本当に興味を持っていることなら、みんなと同じことをしていいでしょう。ただ、それは「みんながやっているから」ではなくて、「自分がやりたいから」するんだということを納得した上でやってほしいと思います。

人生は短いですし、明日何が起きるかもわかりません。もし、しあわせじゃない人生を送っているのであれば、それはとても悲しいことです。

ムーミン谷の仲間のように、他人とくらべず、自分らしく生きてみてはどうでしょうか？

これは、ほかのだれでもない、あなたの人生なのですから。

［著者］
モニカ・ルーッコネン（Monika Luukkonen）
北フィンランドに住む作家・ノンフィクションライター。フィンランドのライフスタイル専門家。1971年フィンランド生まれ。企業のマーケティング担当としてフィンランドと日本を往復したり、日本に滞在した経験をもつ。2000年より翻訳家、作家としての活動をはじめ、現在は「Monika Luukkonen Literary Agency」を経営。フィンランドのシンプルな生き方、考え方を世界に広めるべく、情報発信を続けている。ひとり娘の母。著書に『ふだん着のフィンランド』（グラフィック社）がある。

［訳者］
関口リンダ
米国ワシントン州シアトル生まれ。幼少期をカナダのトロントで過ごし、10歳で来日。大学卒業後、シアトルの公共放送局KCTS９チャンネル、音楽事務所など多方面においてコーディネーター、通訳・翻訳を手掛ける。

フィンランド人が教えるほんとうのシンプル

2016年９月15日　第１刷発行
2024年４月16日　第５刷発行

著　者――モニカ・ルーッコネン
訳　者――関口リンダ
発行所――ダイヤモンド社
〒150-8409　東京都渋谷区神宮前6-12-17
https://www.diamond.co.jp/
電話／03･5778･7233（編集）　03･5778･7240（販売）

ブックデザイン―坂川朱音・西垂水敦（krran）
DTP　―――ニッタプリントサービス
写真――――カタリーナ・ヤルヴィネン（p18,p34,p52,p72,p86,p116,p134,p152,p164）、Getty Images（p40,p100）
製作進行――ダイヤモンド・グラフィック社
印刷――――勇進印刷
製本――――本間製本
編集担当――竹村俊介

ISBN 978-4-478-06923-3